LETTRE DE M. DE BARRY,

A M. G***.

DE L'ACADÉMIE ROYALE DES SCIENCES.

CONTENANT l'état actuel des Mœurs, Usages, Commerce, Cérémonies & Musique des Habitans de l'Isle de Malegache. ou Madagascar.

A PARIS,

Chez LAURENT PRAULT, Libraire, à la Source des Sciences, au coin de la rue Gît-le-Cœur.

M. DCC. LXIV.

Avec Approbation.

LETTRE

De M. de Barry, à M.... de l'Académie Royale des Sciences; sur l'Isle de Madagascar.

A Versailles, le 3 Octobre 1763.

MONSIEUR,

Je vous ai promis une petite Dissertation sur une espece de fruit de l'Isle de Madagascar, nommé dans le Pays *Tanguin*; en vous donnant ce fruit étranger, il est juste d'en détailler les particularités: je le ferai avec plaisir, après vous avoir fait connoître, un peu mieux que par les Relations ordinaires, le lieu qui le produit, & les hommes qui en font usage.

Madagascar ou *Malegache* est une des plus grandes Isles connues; on lui compte environ sept cens lieues de tour, suivant les excellentes Cartes marines de M. *Daprez*. Elle est située du douzieme au vingt-cinquieme degré de latitude méridionale, & du quarante-unieme au quarante-huitieme degré de longitude orientale, Méridien de Paris; elle est séparée de la Côte orientale d'Afrique par le Canal Mozambique, large d'environ soixante-dix lieues.

L'intérieur de l'Isle est très mal connu. On dit qu'il y a des hommes blancs, qu'on fait descendre des Arabes; on prétend, avec assez peu de fondement, qu'il y a des mines d'or; il est plus certain qu'on y trouve du fer, dont les Naturels font usage; ce fer est doux & liant: le crystal de roche y est commun; l'éguille, pesant quatorze livres, que je vous ai donnée, est du crystal de Madagascar.

Les Côtes sont habitées par des Negres bien différens des Negres de Guinée; des levres moins grosses, un nez peu ou point épaté, des cheveux ou une laine plus longue, les distinguent des autres; on appelle ces Negres, *Malegaches*, du nom de leur Pays.

Ces Peuples, diviſés en pluſieurs Nations, & ces Nations ſéparées en Quartiers ou Villages, de ſept à huit cens ames, vivent dans une ignorance univerſelle; ſans culte extérieur, ont l'idée d'un Etre bienfaiſant & d'un Etre malfaiſant, idée d'où dérive naturellement le ſyſtême des jours heureux & malheureux, la crédulité aux bons & aux mauvais augures, & une foule de petites ſuperſtitions; ils obſervent des Loix, ou, pour mieux dire, des *Coutumes* civiles & politiques, priſes dans la nature; jouiſſent du droit de propriété; & ce droit eſt ſi ſacré, que ſi quelqu'un d'eux, homme ou femme, vole la moindre choſe à un Malegache, ou Européen, il devient ſon Eſclave par ce ſeul fait; Loi admirable, à mon avis, qui, tout-à-la-fois, contient, punit & dédommage. Le partage des biens eſt fort inégal: les principaux ont des Eſclaves, des troupeaux, des plantations de ris, des cabannes; la *Populace* n'a rien, & vit au jour la journée. La Juſtice & la

Police ſont exercées par les Chefs de la Nation ; la qualité de Chef eſt héréditaire, elle eſt auſſi élective ; quiconque, par une ſupériorité de bon ſens, ou par une plus grande propriété, ſe rend conſidérable parmi les ſiens, parvient de lui-même, & comme par un ſuffrage tacite, à gouverner une partie de ſa Nation. Le premier des Chefs eſt regardé comme *Roi* ; mais le Gouvernement eſt purement Ariſtocratique, ainſi que chez tous les Peuples non civiliſés.

Les hommes ſont bien faits, agiles, poltrons, pareſſeux & nullement induſtrieux ; c'eſt un point d'honneur chez eux de ne rien faire ; les femmes en général ſont jolies dans leur eſpece, il en eſt de belles par la régularité des traits, la fineſſe de la peau, la blancheur des dents ; leur couleur noire n'a plus rien de choquant pour ceux qui y ſont accoutumés : elles arrangent leurs cheveux ou leur laine avec beaucoup d'art, elles les nattent, les diſpoſent en couronne, en bouquets, en pyramide, & ſe plaiſent, par coquetterie, à varier leur coëffure ; elles ſe frottent les dents, ainsi que les hommes, avec une herbe qui d'abord les rend noires, & les laisse ensuite parfaitement blanches & émaillées. Les Européens se passionnent aisément pour ces femmes, & ne trouvent jamais de cruelles : ils sont même prévenus & souvent agacés, moins pour leurs beaux yeux, que pour ceux de leur bourse.

Ces Peuples n'ont aucun sentiment de chasteté; parmi eux point de vierge à huit ans; ils se marient, à la vérité, mais la durée de l'engagement est volontaire; on se sépare quand l'un des deux le veut; tant que l'union subsiste, les enfans qui naissent sont légitimes; la femme ne peut, sans le consentement du mari, se livrer à un autre, & le consentement se donne sans peine en faveur d'un parent, ou d'un ami, ou d'un homme qui paie; celui qui suborne la femme d'un autre, est tenu juridiquement, vis-à-vis du mari, à des réparations mercénaires, sans que d'ailleurs le ménage en souffre.

L'air de Madagascar est mal-sain; cette Isle, couverte de bois de haute futaye, d'eaux croupissantes putrifiées par les chaleurs, coupée par de grandes Rivieres bourbeuses, pleines de *Caïmans* ou crocodiles; c'est un pays pestiferé pour les Européens, sur-tout depuis le mois d'Octobre jusqu'au mois de Mai, c'est-à-dire pendant le printems & l'été de ce climat; l'intemperie est plus forte pendant la nuit que pendant le jour; il est pernicieux de fréquenter les bois; les bords de la Mer sont moins mal-sains. La maladie *Endemique* est une espece de fievre putride, qui commence par des maux de tête, & plonge le malade dans la léthargie jusqu'à la mort. J'ai observé que les Chirurgiens qui ont beaucoup saigné, principalement du pied, ont tué tous leurs malades. On ouvrit le cadavre de l'un d'eux, on lui trouva le cerveau dessêché. J'ai connu quelqu'un qui fut sauvé par le secours d'un Chirurgien expérimenté dans ces sortes de maladies; de fréquentes purgations, des aposêmes, les vésicatoires au col le mirent hors d'affaire après quinze jours de léthargie: sa convalescence fut longue, & long-tems après il ressentoit encore par intervalle des accès de fievre.

Les Malegaches ne sont point sujets à cette maladie ; ils vivent long-tems ; le ris est leur premiere nourriture, l'eau dans laquelle on l'a fait bouillir est leur remede universel, sur-tout pour la dyssenterie, qui est assez commune. Lorsqu'ils sont malades, ils se barbouillent superstitieusement le visage de blanc, se couchent sur des nattes auprès du feu, boivent de l'eau de ris, & laissent agir la nature : ce n'est pas que l'Isle ne soit très abondante en bœufs & en volailles, mais cela ne regarde que les riches ; encore les ménagent-ils soigneusement pour les Européens, dont ils reçoivent en échange, des piastres, des fusils de munition, de la poudre, des toiles bleues des Indes, des meubles & ustensiles de vil prix. Seulement à l'occasion d'une fête, d'un mariage, de l'arrivée d'un Chef voisin, les principaux tuent un ou deux bœufs, que l'on dépece sans écorcher, & on les distribue aux parens & aux amis.

Quant à la Populace, lorsque la

récolte du ris est détruite par les ouragans, elle est réduite à manger des racines encore plus dégoûtantes & plus mal-saines que le *Manioque*. Dans ces tems de disette, on voit le misérable, mourant de faim, se vendre au riche, se faire son Esclave pour en être nourri. La terre produit peu de bons fruits; la *Banane* est le meilleur & le plus abondant, c'est souvent une ressource. La pêche les aide un peu. A la Côte de l'Est il y a beaucoup de baleines, moins grosses que celles des Mers du Nord, dont les Negres sont très friands : ils en prennent quelques-unes, non sans peine; & certes ce n'est pas une petite joie dans le Pays quand une *Pirogue* revient de la pêche traînant une baleine en triomphe : ce jour est un jour heureux. Le monstre est dépecé sur le rivage aux acclamations du peuple, chaque famille en a sa part, on fait boucanner la chair, bombance pendant deux ou trois jours, abstinence ensuite : moins de paresse, plus de prévoyance, un peu d'industrie sauveroit tous ces inconvéniens; mais l'état naturel a ses avantages & ses désavantages, tout comme l'état civilisé; lequel des deux est préférable? Pour bien décider la question, il faudroit avoir passé par l'un & par l'autre; jusques-là je m'en tiens volontiers à celui dans lequel le Ciel m'a placé.

C'est la Compagnie Françoise des Indes qui fait la *Traite* à Madagascar le long de la Côte de l'Est, pour les approvisionnemens de ses Vaisseaux; la Baye de Foulepointe est le chef-lieu. Outre le ris, les bœufs & la volaille, elle en tire beaucoup d'Esclaves pour ses Isles de France & de Bourbon. Les Esclaves s'achetent depuis vingt jusqu'à trente piastres, faisant environ cent ou cent cinquante livres de France. Avec un fusil de munition, on a un bœuf; le ris se traite pour des toiles bleues, ainsi que le bois à brûler & la volaille : on a des œufs, du lait, des nattes, quelques légumes, pour de certaines quantités de poudre à tirer, le tout suivant un taux réciproquement convenu. Les Negres qu'on fait travailler sont payés avec de l'eau-de-vie, qu'ils aiment beaucoup, de la poudre, de la toile, ils attrapent aussi quelques piastres, & les Negresses beaucoup ; ensorte que les Européens portent la joie & l'abondance dans le Pays.

Vous demanderez peut-être, Monsieur, ce que deviennent les piastres qu'on laisse dans l'Isle ? Le voici : la plus grande partie se convertit en chaînes fort pesantes, en boucles d'oreilles, grandes plaques & autres meubles dont les femmes se parent : une autre partie revient aux Européens, pour le prix de quelques fusils & divers effets qu'ils vendent en particulier : le reste se répand dans l'intérieur de l'Isle, où on prétend que les hommes blancs les ramassent, pour faire le commerce avec les Arabes à la Côte du Couchant.

Vous voyez que les Malegaches sont un peu Orfévres, ils sont aussi Taillandiers pour leurs outils & leurs armes ; ils font encore, au métier de Tisserand, une espece de toile de paille très fine, teinte de plusieurs couleurs, dans laquelle ils s'enveloppent, pour tout habillement. Cette toile s'appelle

Pagne, elle est fort jolie ; les Européens s'en font des habits propres, légers & très commodes pour la chaleur. On achete la piece de *Pagne* une ou deux piastres. Voilà tout ce que les Malegaches savent des Arts méchaniques.

La plupart des Esclaves sont ceux qui ont été pris dans les guerres de Nation contre Nation ; ces guerres sont très peu meurtrieres. La Tactique de Madagascar est assez singuliere pour en dire quelque chose, je crois être le premier à en parler.

Avant que les Européens eussent fourni des fusils aux Malegaches, ceux-ci n'avoient d'autres armes que la *Sagaye*, espece de javelot qu'ils lancent avec beaucoup d'adresse à la distance de quinze à vingt pas, & une rondache de peau de bœuf. A présent ils ne se servent que de fusils ; c'est chez eux une marque d'opulence, il n'y a que la canaille qui, faute de moyens, aille à la guerre avec une simple sagaye.

Les guerres se font ordinairement entre les Habitans des Côtes & les

Habitans des terres. Les premiers cherchent querelle aux autres, pour avoir occasion des faire des Esclaves; & les seconds, à leur tour, chicannent les premiers, pour avoir la faculté de venir sur les Côtes faire la traite avec les Européens.

Veut-on guerroyer? Les Chefs de la Nation assemblent le Peuple & les Alliés. C'est un spectacle assez intéressant, de voir en rase campagne, sous un soleil brûlant, une multitude de Negres assis sur leurs talons, formant, par ordre, un grand cercle, & les Chefs, placés en-dedans, haranguer d'un ton ferme & pathétique, discuter les intérêts publics, délibérer sur la paix ou sur la guerre; admonêter un Allié infidele ou suspect; cimenter un nouveau Traité d'alliance, en mangeant de la chair ou du foye de bœuf roti, & prendre de concert toutes les mesures nécessaires pour réussir dans l'entreprise décidée. Je me suis trouvé à une de ces assemblées; quoique je n'entendisse pas le langage des Orateurs, je trouvois néanmoins dans leurs attitudes, leurs gestes, leurs inflexions de voix, beaucoup d'expression, & une simplicité noble qui me charmoit ; un Interprete me rendoit le sens de leurs discours, & je voyois avec plaisir un accord parfait entre leurs pensées & la façon de les rendre ; c'étoit l'éloquence de la nature, & peut-être la bonne. L'idiome est fort doux : je ne connois aucune langue à laquelle il ait rapport.

Lors donc que la guerre est décidée, chacun fait sa provision de ris, de poudres & de balles, & se rend de son côté au lieu indiqué. Le Général, pour connoître le nombre des combattans, met à la porte de sa cabanne un panier où chaque arrivant jette un petit morceau de bois ; le compte de ces morceaux de bois donne le nombre des hommes. Une armée de deux mille hommes est considérable ; ils se croyent bien forts quand ils ont un ou deux Blancs avec eux.

Tout le monde étant rassemblé, on entre sur les terres ennemies, on ravage, on brûle les plantations de ris & les habitations ; on enleve les troupeaux, on fait Esclaves les hommes, les femmes, les enfans ; juſques-là perſonne de tué ; ſi les ennemis ne ſont point en état de s'oppoſer à l'irruption tout fuit dans les bois ; ſi au contraire ils ſont aſſez forts pour faire face, ils viennent à la rencontre, & campent à la vue des agreſſeurs. Toute leur caſtrametation conſiſte à s'entourer de fortes paliſſades & à tirer à travers des coups de fuſil ſur ceux des ennemis qui paroiſſent dans la campagne. Peu-à-peu ils ſe fapprochent : il eſt de l'intérêt du plus fort de joindre le plus foible ; c'eſt alors que les braves des deux partis viennent ſe défier avec de grand cris, ſe tirent de loin des coups de fuſil, preſque toujours inutiles, ſoit par l'éloignement, ſoit par leur mal-adreſſe. Lorſque les deux camps ſont à portée de la voix, on ſe parle de derriere les paliſſades, on ſe fait des reproches, on s'accuſe de mauvaiſe foi, on ſe dit des injures, & toujours des coups de fuſil perdus ; on paſſe ainſi des mois entiers. Enfin le camp le plus mal approviſionné, le plus mal diſcipliné, le plus mal commandé abandonne la

+ s'approchent

partie,

partie ; on se disperse sans ordre ; chacun dans la plus grande consternation, gagne de son côté ; c'est le moment de la victoire, les vainqueurs tombent sur les fuyards, font Esclaves tout ce qu'ils trouvent, sans éprouver la moindre résistance ; ensuite ils reviennent triomphans, emmenant avec eux leurs Esclaves, pour les vendre aux Européens, ou pour les employer à leur service. Ainsi finit la guerre, sans une goutte de sang répandue.

Si je ne craignois de ne plus finir, je parlerois des danses des Malegaches, qui ne sont ni désagréables, ni indécentes, & qu'ils exécutent au son de la voix & au bruit de leurs tambours, fait avec des écorces d'arbre & des peaux de bœuf ; mais je ne peux me dispenser de dire un mot de leur Musique : la Musique de Madagascar ! ce sujet doit être neuf & curieux.

Les Malegaches ont leur Musique nationale, comme tous les peuples de la terre ; leur mélodie est triste & monotone, elle ne roule que de la tonique à la quinte : leur harmonie est fort bornée, ils n'employent d'autre accord que la tierce & la quinte : leurs chanſons, des mots vuide de ſens, ils mettent tout en Muſique : ils s'accompagnent avec un inſtrument nommé *Bambou*, du nom d'un gros roſeau avec quoi ils le font : le détail de çet inſtrument peut donner une notion de leur ſyſtême muſical.

On prend un tuyau de bambou, long d'un pied, ſur deux pouces de diametre environ ; autour de la circonférence, & d'une extrêmité à l'autre, on pratique, en creuſant dans l'épaiſſeur, cinq filamens, gros comme la ſeconde corde du violon ; on tend ces filamens ou corde avec de petits morceaux de bois qui ſervent de chevalets ; par le degré de tenſion & la longueur qu'on donne à chaque corde, on parvient à les accorder en progreſſion diatonique dans le mode majeur, de ſorte que les cinq cordes repréſentent les cinq premieres notes de la gamme ; c'eſt dans ces cinq tons variés & combinés que conſiſte toute la Muſique de Madagaſcar. Pour jouer du bambou, on le tient des deux mains appuyé d'un bout contre l'eſtomac,

& en pinçant les cordes avec les doigts, on en tire des sons aigus & secs, tels que des cordes courtes & peu flexibles doivent les produire par la dureté & l'infréquence des vibrations.

J'ai observé que leur mélodie vocale est bien différente de l'instrumentale : leur accompagnement est vif, d'un dessein court & toujours répété, à-peu-près comme j'ai essayé de le noter ici, tandis que leur chant marche d'une maniere grave & figurée.

Il est tems de revenir au *Tanguin*. Ce fruit, comme vous voyez, paroît être une sorte d'amande, avec cette différence remarquable, que le *Tanguin* est un poison mortel, du moins dans le Pays. Vous connoîtrez mieux que moi, Monſieur, quelles ſont les qualités & les propriétés de ce poiſon, je vous laiſſe tout le phyſique, & me réſerve l'hiſtorique & le moral; voici l'uſage que les Malegaches en font.

Si quelqu'un eſt ſoupçonné d'un grand crime, comme aſſaſſin & perfidie, ſi on veut lui faire réveler un ſecret important, il faut qu'il ſubiſſe l'épreuve du *Tanguin*. Cette épreuve eſt une cérémonie qui ſe fait avec beaucoup d'appareil; la Nation s'aſſemble dans un bois; on a eu ſoin de préparer le *Tanguin* en le pilant & le broyant avec des herbes; l'accuſé eſt amené devant les Chefs, on le queſtionne ſur le fait qu'on veut connoître, on lui dit, *as-tu fait telle choſe? ſais tu telle choſe?* S'il nie conſtamment, on lui fait avaler le *Tanguin*, & de l'effet du poiſon dépend la conviction ou la juſtification. Si l'accuſé meurt, il étoit coupable; s'il ne meurt pas, il eſt déclaré innocent. Mais ordinairement on meurt, innocent ou coupable, heureux ſi on en eſt quitte pour être cruellement malade & ſouffrir tout le reſte de sa vie. On connoissoit n'a guere à Foulepointe une Negresse qui avoit ainsi avalé le *Tanguin*, & qui vécut encore plusieurs années dans un état déplorable.

On conçoit aisément que le poison est plus ou moins violent, selon la façon de le préparer, & qu'un fort tempéramment résiste plus qu'un foible; de sorte que cette épreuve est aussi ridicule, & bien plus barbare que celle dont nos ayeux faisoient usage dans les mêmes intentions, sous le titre respectable de *Jugement de Dieu*.

A présent, Monsieur, le local, le génie, la religion, les mœurs des Peuples de Madagascar étant connus, qui pourra, pour étendre l'histoire de l'esprit humain, dire par quel hasard, par quel rapport, des hommes séparés les uns des autres par un espace de Mer de près de trois mille lieues, sont tombés dans une commune erreur, ont imaginé des moyens semblables pour découvrir entre eux la vérité des faits; comment les François, les Allemands du neuvieme siecle ont pu se rencontrer avec les Malegaches dans une opinion si absurde ? Idées de la Divinité, toutes différentes des deux côtés, les uns policés, les autres dans la plus épaisse ignorance ; les premiers blancs, les autres noirs ; ceux-là dans un climat tempéré, ceux-ci sous la Zone Torride. Pour moi, si on me nie qu'un sentiment intérieur nous dit à tous qu'un Etre invisible (Dieu) préside à la Justice parmi les hommes, & que ce sentiment mal entendu nous jette dans les plus grandes absurdités, je renonce à la solution du problême.

J'ai l'honneur d'être,

MONSIEUR,

Votre très humble & très obéissant serviteur, BARRY.

APPROBATION.

J'AI lu par l'ordre de Monseigneur le Chancelier un Manuscrit en forme de *Lettre sur l'Isle de Madagascar, par M. Barry, Officier de la Marine*; je n'y ai rien trouvé qui en empêche l'impression. A Paris, ce 17 Novembre 1763.

GUETTARD.

www.ingramcontent.com/pod-product-compliance
Lightning Source LLC
LaVergne TN
LVHW020456230826
846091LV00008BA/3230